CÓMO MEJORAR LA
POSICIÓN DEL JINETE

Guías Ecuestres Ilustradas

CÓMO MEJORAR LA
POSICIÓN DEL JINETE

Joni Bentley

Ilustraciones de
Carole Vincer

HISPANO
EUROPEA

Asesor Técnico: **Julia García Ràfols**

Título de la edición original: Improving the rider's po
sition (Primera edición inglesa publicada como:
Threshold Picture Guides, number 32.)

E-mail: hispanoeuropea@hispanoeuropea.com

© de la traducción: Marta Valls

Depósito Legal: B. 25.725-2014

ISBN: 978-84-255-1662-7

Octava edición

Consulte nuestra web:
www.hispanoeuropea.com

IMPRESO EN ESPAÑA   PRINTED IN SPAIN

Índice

Introducción

Uno de los retos más importantes con los que se enfrenta el jinete es ser capaz de adquirir una posición correcta y eficaz, así como mantener al mismo tiempo un buen equilibrio cuando el caballo está en movimiento.

Conseguir una buena posición permite montar a caballo sin que éste pierda su belleza y gracia natural. Dejarse caer pesadamente sobre la silla, ir torcido, quedarse rígido y montar haciendo fuerza son distintas maneras de interferir en el movimiento natural del caballo.

El equino es un animal extremadamente sensible. Confía en las señales que su jinete le transmite a través del cuerpo para dirigirlo. Un jinete con conocimientos limitados sobre su propio cuerpo y su funcionamiento puede crear confusión en el caballo. En cambio, un jinete que sabe utilizar la mente y el cuerpo correctamente es capaz de desarrollar «tacto». Sus indicaciones serán fiables. La comunicación (ayudas) entre caballo y jinete será comprensible y sus posibilidades ilimitadas.

El jinete generalmente se concentra en la forma de trabajar de su caballo, pero se olvida de sí mismo. Espera que su caballo trabaje siempre con **calma**, **rectitud** y **hacia delante**, olvidando que también él debería tener estas cualidades.

- **Calma**: mente centrada y cuerpo en armonía en todo momento.
- **Rectitud**: verticalidad en movimientos rectos y laterales, uniforme distribución del peso sobre el dorso del caballo.
- **Hacia delante**: la cabeza dirige el movimiento del jinete. El cuello y la columna deben ir relajados, pero tener un buen tono muscular y aprovechar toda su fuerza y longitud para absorber el movimiento y dirigir el caballo.

El propósito de este libro es mostrar la forma de montar con un buen asiento y mejorar el rendimiento del jinete y de su montura. Además, ello supondrá efectos beneficiosos para la salud y la vida diaria.

¿Qué es una buena posición a caballo? ▬

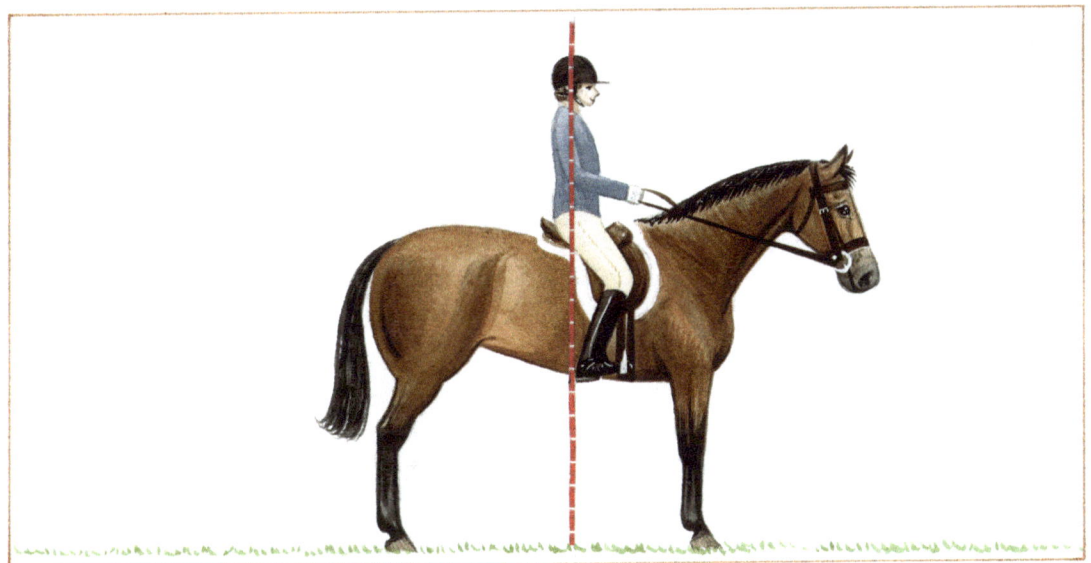

Antes de abordar con detalle la cuestión de la forma de mejorar el rendimiento del jinete a caballo, conviene exponer los elementos clave necesarios para tener una buena posición a caballo.

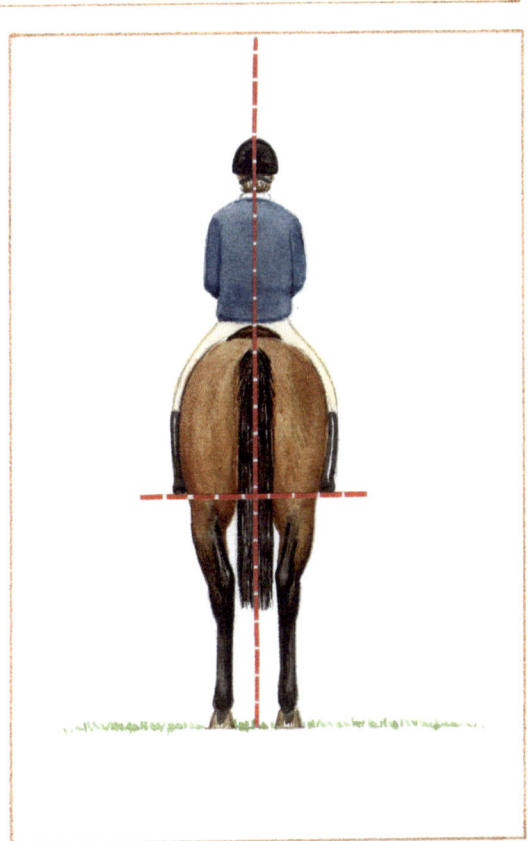

- Orejas, hombros, caderas y talones deben formar una línea vertical
- Cabeza bien colocada siguiendo la línea de la columna vertebral
- Hombros relajados
- Omóplatos planos
- Pecho redondo pero relajado
- Parte superior del brazo alineada verticalmente con el cuerpo
- Pliegue a la altura del codo
- Muñecas rectas
- Línea recta desde el codo hasta la boca del caballo pasando por las muñecas
- Peso uniformemente distribuido sobre los isquiones
- Piernas colgando de forma natural
- Rodillas relajadas
- Pantorrillas *apoyadas* contra el flanco del caballo
- Tobillos relajados
- Pie situado por debajo del asiento del jinete
- Base del estribo en la parte anterior del pie
- Talones más bajos que la punta del pie

Asiento vertical

Con una mala postura, el cuerpo no puede trabajar correctamente. En las ilustraciones se puede apreciar que la figura de la izquierda está bien colocada (en términos hípicos bien sentada o con el caballo en la mano), mientras que la de la derecha está encorvada (mal sentada o «sobre las espaldas»). Ésta última postura puede provocar rigidez y problemas de espalda y no permite que el jinete trabaje adecuadamente.

Para tener correctamente alineada y bien equilibrada la parte superior del cuerpo formada por la cabeza, el cuello y la espalda, el jinete debe sentarse sobre el punto central más bajo de sus isquiones. De hecho, una forma fácil de entenderlo es imaginarse que los huesos isquiones son dos pequeños pies (los pies del asiento) que sostienen el peso de la parte superior del cuerpo.

Los isquiones tienen la forma de pequeños balancines con una parte delantera, una central y una posterior. Para encontrar la parte central más baja, le sugerimos al lector que se siente sobre las palmas de las manos. Seguramente notará que está más adelante de lo que se imagina. En caso

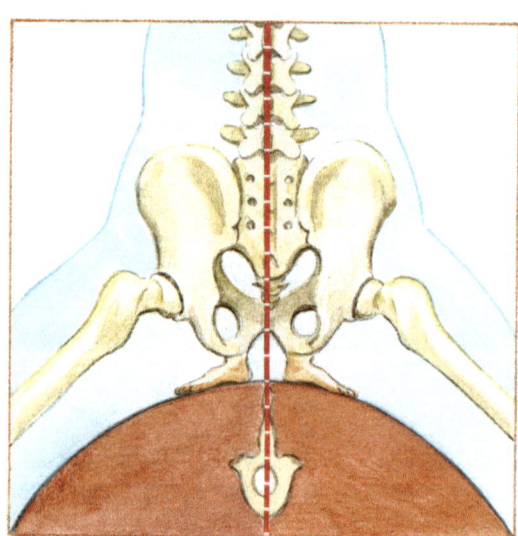

Imaginarse que los huesos isquiones son unos pies proporciona mayor estabilidad a la parte superior del cuerpo. Es importante asegurarse de tener el peso repartido de forma uniforme sobre ambos lados de la columna del caballo.

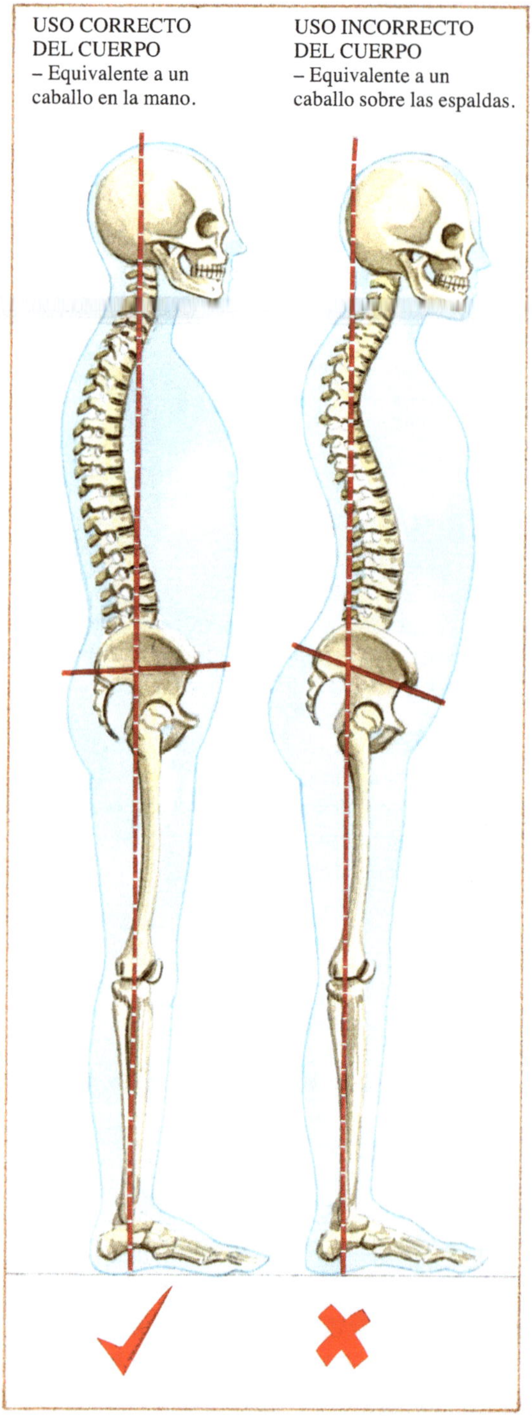

USO CORRECTO DEL CUERPO
– Equivalente a un caballo en la mano.

USO INCORRECTO DEL CUERPO
– Equivalente a un caballo sobre las espaldas.

SENTARSE SOBRE LA PARTE POSTERIOR DE LOS ISQUIONES	SENTARSE SOBRE LA PARTE ANTERIOR DE LA PELVIS	ALINEACIÓN VERTICAL CORRECTA
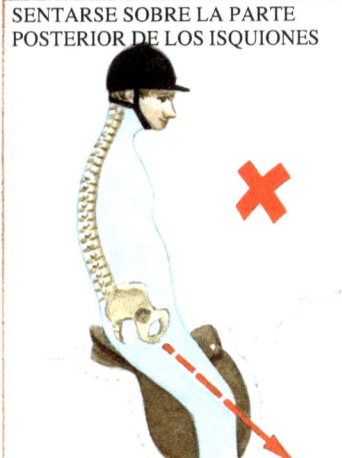	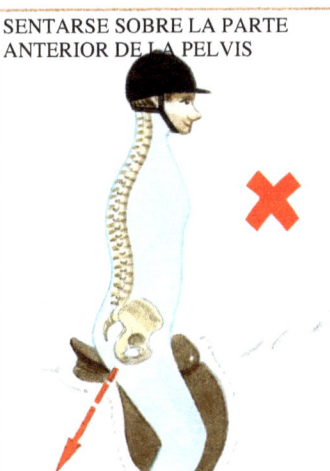	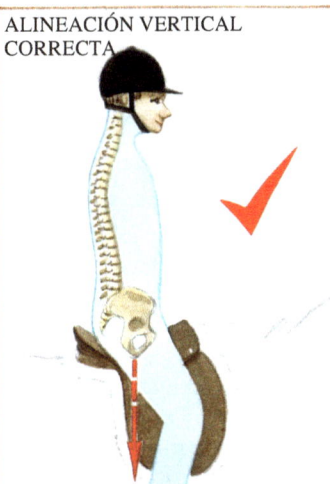
Con un asiento así se ejerce presión sobre toda la columna vertebral y se retrasa la espalda. Es casi imposible colocar la pierna por debajo del cuerpo y mantener una alineación correcta.	Esta posición arquea y bloquea la parte inferior de la espalda y del cuello adelantando la parte superior del cuerpo.	Sentarse sobre la parte más baja y central de los isquiones permite conseguir fácilmente una correcta alineación vertical sin esfuerzo ni presión.
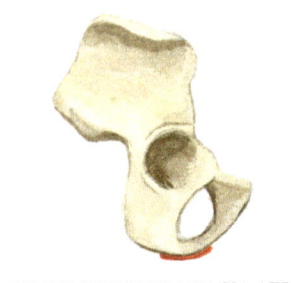		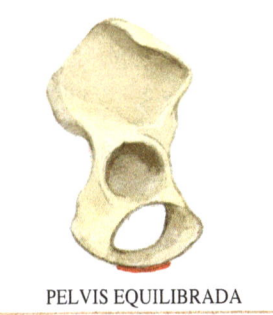
PELVIS INCLINADA HACIA ATRÁS	PELVIS INCLINADA HACIA DELANTE	PELVIS EQUILIBRADA

de tener dificultades para encontrarla, probar con una y otra mano alternativamente. A continuación, tendrá que equilibrarse sobre la parte inferior de su arco central y distribuir el peso **uniformemente** entre ambos huesos.

Para ello tendrá que balancearse lentamente sobre los isquiones hacia atrás hasta encontrar su extremo final. En ese momento la pelvis se encontrará inclinada hacia atrás y el lector notará la variación que se ha producido en la posición de la cabeza, el cuello, la espalda, el pecho y los hombros. ¿Existe una acción de la silla en dirección ascendente o está haciendo demasiada presión hacia abajo como para poder sentirla?

Volvamos a la vertical nuevamente observando el cambio que se produce en la parte superior del cuerpo. El lector debe tener la sensación de que el peso del cuerpo se dirige hacia abajo pero con el contrapeso de la silla y el cuerpo del caballo.

Ahora probaremos con la parte anterior del balancín. Cuando nos inclinamos hacia delante la zona de los riñones se arquea y las costillas suben. Recuperar la posición vertical sucesivas veces permite notar cuándo se está sentado sobre los isquiones y cuándo no.

Distribución uniforme del peso

Es fundamental que la distribución del peso del jinete por el dorso del caballo sea uniforme y que el asiento del jinete descanse de forma igualada sobre ambos isquiones. Si el jinete está torcido (inclinado), el caballo aprende rápidamente a compensar esta carga distribuida de forma irregular y el resultado es: un caballo torcido.

Si, por ejemplo, el jinete es una persona diestra, la parte derecha de su cuerpo probablemente será más fuerte que la izquierda, pero también más corta, lo que desplazará lateralmente el lado izquierdo de su cuerpo. Un jinete que se sienta hundido a la derecha tiene tendencia a desplazar la cadera hacia el exterior y generalmente lleva todo el cuerpo torcido.

Para corregir esta irregularidad hay que estirar las manos hacia arriba con los dedos apuntando al cielo y las palmas de las manos giradas hacia dentro. Dejar que el peso acumulado de la cabeza, el cuello, los hombros, los brazos y la parte superior del cuerpo caiga hacia abajo a través del torso, hacia la parte central más baja de los isquiones hasta que el peso quede repartido uniformemente lateral y verticalmente. Por lo general, se tiene tendencia a subir el pecho. En caso de ser así, dejar que descienda y observar cómo disminuye la tensión de la parte inferior de la espalda.

Pedir a un amigo que observe si la posición es correcta. Durante un tiempo, esta nueva posición correcta parecerá rara.

Probar también moviendo la cabeza y observar el efecto que tiene en los «pies del asiento».

Ahora, con los dedos mirando al cielo, practicar estirando alternativamente los brazos desde el torso. Se pueden notar cambios de peso en uno y otro isquión. Mantener equilibrada la parte central inferior del cuerpo. Cuanto más se estiran los brazos y más se separan y ensanchan las costillas, mayor es la soltura de la parte inferior del cuerpo. Los «pies del asiento» descienden más y mejor se encajan en el cuerpo del caballo.

Un señor que camina torcido recorre un camino torcido. Montando ocurre lo mismo que en el suelo. Un primer paso para conseguir la rectitud es darse cuenta de que se carece de ella.

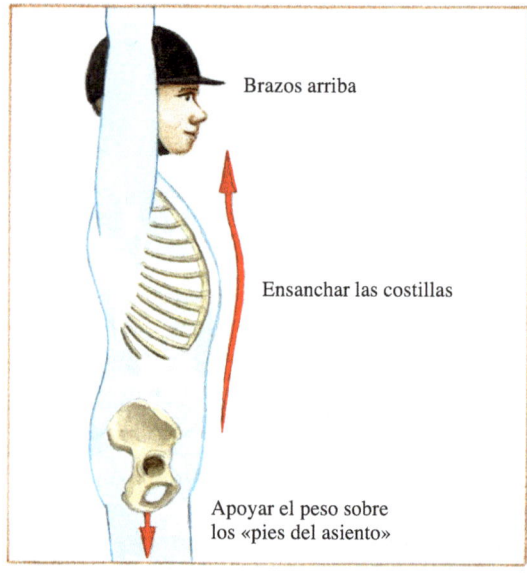

Brazos arriba

Ensanchar las costillas

Apoyar el peso sobre los «pies del asiento»

Ejercicio para conseguir que ambos lados del cuerpo vayan igualados. Utilizar fuerzas opuestas (manos arriba - pies del asiento abajo) para dar mayor libertad y flexibilidad al tórax.

Cabeza y cuello

La manera de llevar la cabeza sobre la columna determina si el cuerpo va a poder adoptar una buena posición. Si la cabeza no reposa correctamente sobre los hombros, la espalda no puede absorber el movimiento del caballo.

Si la mandíbula forma un bloque con el cuello y la cabeza, el cuello y la espalda pierden mucha libertad de movimiento (al igual que un caballo que está detrás de la vertical). Muchos jinetes piensan equivocadamente que cuando el caballo lleva la cabeza así es que está en la mano. Desgraciadamente lo que están haciendo es restringir la elasticidad y el tono de su cabeza, cuello y dorso.

Colocar la cabeza hacia atrás y hacia abajo produce una tensión y una presión sobre la espalda que resulta muy incómoda, al igual que le sucede al caballo cuando va por encima de la mano.

Para estar «en la mano», el jinete debe hacer una ligera flexión hacia delante, inclinando ligeramente la línea que va de la nariz hasta las orejas.

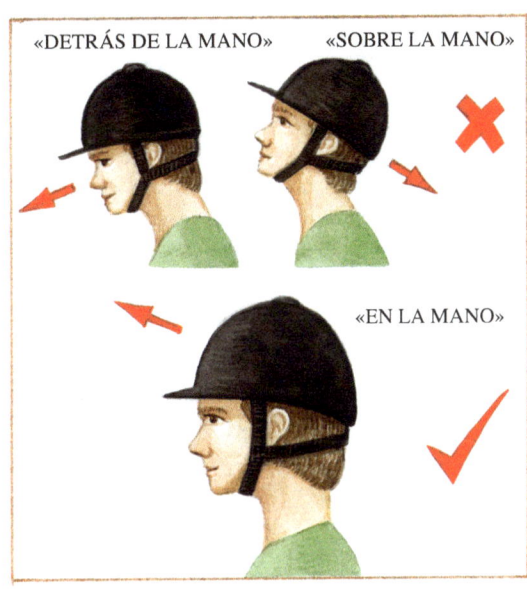

Con una ligera flexión hacia delante teniendo como referencia la línea intermedia que pasa entre las orejas y la nariz, se puede sostener la cabeza y mantenerla erguida sin que haya rigidez en el cuello.

Piernas y pies

La acción de las piernas y los pies es de vital importancia en el entrenamiento y desgraciadamente suele ser una cuestión que no se tiene en cuenta, especialmente de la rodilla hacia abajo. Para que los tobillos y las rodillas hagan de muelles y absorban los choques, antes es necesario ser capaz de soltarlos (relajarlos). Relajar desde la parte anterior del tobillo hasta la rótula. A continuación relajar la parte posterior de la rodilla, y bajar por el músculo de la pantorrilla la parte posterior del tobillo hasta el hueso del tobillo en dirección al suelo. Esto permite que el talón baje, una cuestión fundamental para poder adoptar una posición estable y eficaz así como para crear impulsión (energía).

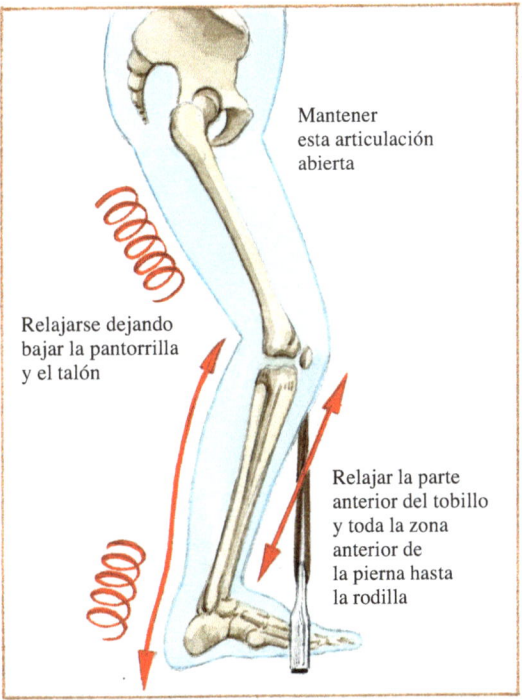

Nivel de atención del jinete

Lo mínimo que puede hacer un jinete por el caballo cuando lo monta es dedicarle toda su atención. Para ello debe ser consciente de la forma en que opera la mente. Ésta tiene tendencia a pasar constantemente del pasado al presente y al futuro. Por ejemplo, una persona que la tiene llena de malos recuerdos del pasado o de miedos de cosas que le puedan ocurrir en el futuro vive en un estado de permanente tensión y ¡pierde de vista las cosas que le están ocurriendo en el momento presente! Como el pasado pasado está y no tenemos control sobre el futuro, una situación así supone una considerable pérdida de energía y de tiempo que se puede dedicar al aprendizaje.

Y, evidentemente, un jinete tenso transmite su tensión al caballo mediante diminutas señales psicológicas. A veces el caballo también reacciona con miedo (asustándose, por ejemplo) lo que a su vez causa más tensión en el jinete.

Si dejamos de leer durante un minuto y observamos nuestro cuerpo un momento, especialmente la respiración, veremos que la mente se tranquiliza y que disminuye la llegada de hormonas de estrés al cuerpo, relajándolo y liberando la tensión acumulada.

«Viajar en el tiempo» produce el embotamiento de la mente y una cerrazón que hace que se vean las cosas como a través de un túnel. Cuando esto ocurre, lo mejor para volver a tener la mente despejada es observar el entorno, utilizar el sentido del oído o chasquear los dedos; va muy bien para no perder de vista el presente.

El miedo generalmente hace que la mente nos juegue malas pasadas. Esto es típico en las personas que tienen miedo al salto. Su mente pierde el sentido de la realidad y se proyecta ciegamente en el futuro haciendo que vean problemas antes de que se produzcan y que se acaben cumpliendo sus previsiones. En caso de notar algo así, es importante concentrarse en la respiración, mirar por encima y por detrás del obstáculo y controlar lo que sucede en el entorno. De esta manera el obstáculo parece más pequeño y menos amenazador.

Esta amazona recuerda sus vacaciones y no se concentra en la monta. En caso de trabajar con barras y un obstáculo esto puede acabar en accidente.

Esta amazona se acerca al obstáculo con miedo por lo que pueda pasar. Esta situación de miedo puede provocar una caída.

Contacto con las riendas

Para la mayoría de los jinetes conseguir un buen contacto con las riendas parece algo un tanto difícil. A continuación se exponen varias ideas para ayudar a mantener una buena conversación con la boca del caballo.

Dejaremos que el caballo nos mueva las manos a través de las riendas y tendremos presente que las manos van «hacia delante», hacia la boca del caballo y no hacia atrás, en dirección a las caderas. Pensar que van hacia delante favorece el estiramiento de la columna del caballo en busca de la embocadura. Cuanta más libertad de cabeza, cuello y dorso tenga, mejor será su respiración y menor el esfuerzo necesario para realizar los ejercicios que se le pidan.

Dejaremos que las manos sigan el movimiento hacia delante y hacia atrás de la cabeza del caballo para que pueda alargar y soltar el cuello en vez de tenerlo tenso y de limitar su capacidad de movimiento. Con este contacto ligero, sentiremos las comisuras de la boca del caballo a través de las riendas. Al cabo de un rato, si no peleamos con él, el caballo tomará la embocadura y se alejará de la mano del jinete. Éste es el primer estadio del trabajo en la mano y el requisito previo para conseguir la rectitud.

Para desarrollar el tacto nos imaginaremos que llevamos dos periquitos en las manos tal y como muestra la ilustración. Queremos llevarlos con suavidad y seguridad porque lo que no queremos es apretar las manos hasta matarlos.

Comprobaremos nuestra posición con frecuencia para ver si llevamos el cuello suelto, los hombros relajados y los codos en relajación y hacia abajo. Éstos deben ir ligeramente separados del tórax y no deben quedar fijos. Nos imaginaremos que de la parte interior de cada muñeca sale un haz de luz que ilumina a la otra. Esto ayuda a mantener las manos en la posición correcta: palmas relajadas, yemas de los dedos apoyadas en las palmas.

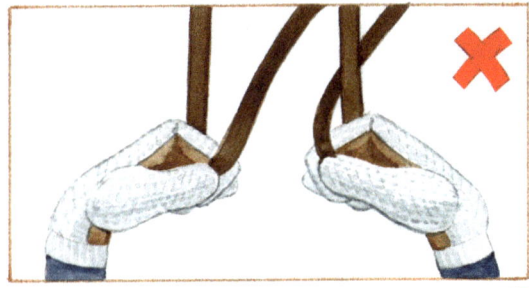

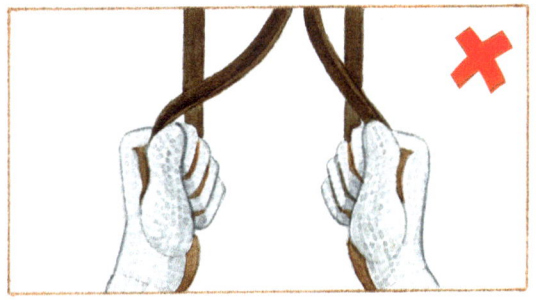

La tensión de las muñecas bloquea los brazos. Como resultado de ello el caballo agarrota la mandíbula para evitar molestias.

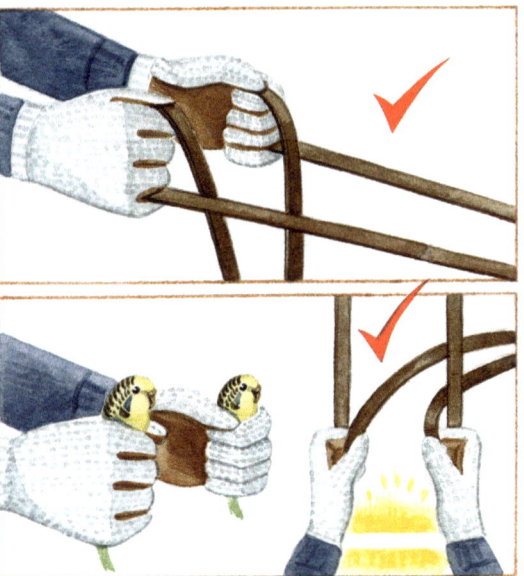

Imaginaremos que llevamos dos periquitos en las manos y no queremos aplastarlos ni que se escapen. Pensaremos también que las muñecas están unidas por un haz de luz.

Buscar el contacto

1. Primero montaremos al paso con las riendas largas y miraremos dónde pone la cabeza el caballo. Observaremos el movimiento hacia delante y hacia atrás de ésta.

2. Nos inclinaremos hacia delante y acariciaremos ambos lados del cuello. A continuación rozaremos el lado derecho cogiendo las riendas con la mano izquierda. Si el caballo no toma el filete el cuello se acortará.

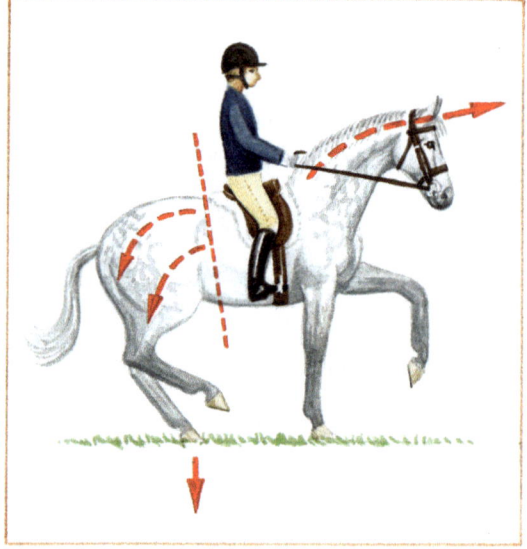

No hay que preocuparse si alarga la parte inferior del cuello o si lo estira (arriba a la izquierda). Para alcanzar la reunión (arriba a la derecha) el caballo tiene que ser capaz de estirar toda la columna. Cuanto más estire, más fortalecerá el cuerpo, lo que resulta necesario para realizar ejercicios más avanzados.

3. Tomaremos el contacto con la rienda derecha y acaricia-remos el lado izquierdo del cuello. El caballo debe mante-ner el movimiento hacia delante.

4. Ahora que las riendas ya no cuelgan, dejaremos que el caballo ponga la cabeza donde quiera. Lo seguiremos con sensibilidad y empezará a apoyarse en la mano.

CORRIGE LA POSICIÓN FRECUENTEMENTE

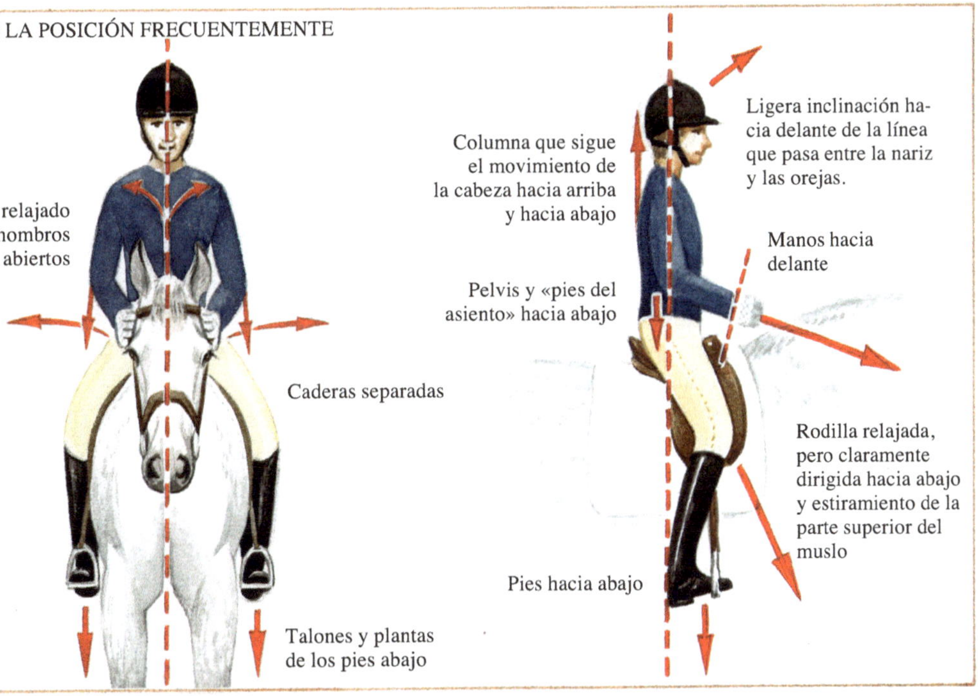

Jinete relajado con los hombros bien abiertos

Caderas separadas

Talones y plantas de los pies abajo

Columna que sigue el movimiento de la cabeza hacia arriba y hacia abajo

Pelvis y «pies del asiento» hacia abajo

Ligera inclinación ha-cia delante de la línea que pasa entre la nariz y las orejas.

Manos hacia delante

Rodilla relajada, pero claramente dirigida hacia abajo y estiramiento de la parte superior del muslo

Pies hacia abajo

Montar a pelo

Montar a pelo permite desarrollar una buena relación entre caballo y jinete, y ayuda a entender el funcionamiento del cuerpo del caballo. Antes de intentar trabajar así, es importante asegurarse de tener un caballo adecuado (sereno) y un amigo con quien trabajar en un lugar tranquilo.

Anatómicamente la estructura del esqueleto nos facilita la monta: la división del torso a la altura de la cintura separa el tórax de la pelvis y nos proporciona suficiente flexibilidad como para poder absorber el movimiento del caballo. Podemos dirigir la parte superior de nuestro cuerpo y dejar la parte inferior de la espalda y la pelvis al caballo.

Primero, comprobaremos que no haya demasiada tensión en nuestro asiento, aligerando el dorso del caballo, o bien demasiado poca, haciendo más presión sobre el mismo. Dejaremos que el peso de la cabeza, el cuello y la espalda reposen bien sobre los isquiones.

Pediremos a un amigo que nos lleve al paso con el ronzal largo. Sentiremos el movimiento de la columna del caballo bajo los «pies del asiento» y nos aseguraremos de tener el peso bien repartido. Como estamos acostumbrados a nuestro propio encorvamiento, ir recto normalmente parece incorrecto. Ahora ya estamos preparados para experimentar y pedirle a un amigo que nos indique cómo vamos.

Empezaremos levantando los brazos hacia el cielo. Nos estiraremos hasta las puntas de los dedos con las palmas vueltas hacia dentro y giraremos los meñiques ligeramente hacia dentro. Dejaremos que todo el cuerpo (salvo la cabeza) cuelgue de los meñiques. Esto permite que los pies del asiento de ambos lados se relajen aún más y se encajen en el dorso del caballo. Intentaremos sentir el movimiento del caballo por debajo de nuestro cuerpo. A continuación, bajaremos los brazos sin bloquear el tórax.

En movimiento intentaremos sentir el balanceo de lado a lado del costillar del caballo cada vez que adelanta un posterior. Cabe señalar que el desplazamiento del costillar hacia la derecha,

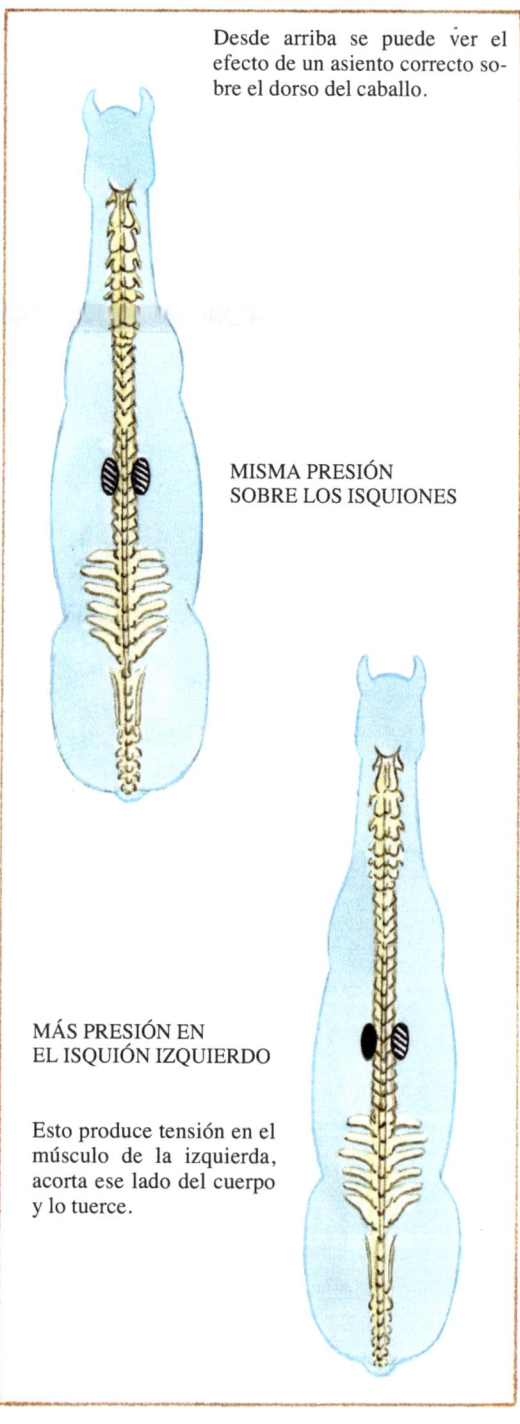

Desde arriba se puede ver el efecto de un asiento correcto sobre el dorso del caballo.

MISMA PRESIÓN
SOBRE LOS ISQUIONES

MÁS PRESIÓN EN
EL ISQUIÓN IZQUIERDO

Esto produce tensión en el músculo de la izquierda, acorta ese lado del cuerpo y lo tuerce.

produce el descenso del pie del asiento y de la pierna de lado izquierdo. Dejaremos que este lado del tórax siga el movimiento en el momento en que el isquión y la pierna descienden para bloquear el otro lado del tórax.

Practicaremos el ejercicio siguiente hasta que las caderas se muevan en todas direcciones –hacia arriba, hacia atrás, hacia delante y hacia los lados–.

Ejercicio para conseguir un asiento profundo y flexible

Montaremos al paso con el caballo llevado de la mano por nuestro amigo y le pediremos que nos haga las preguntas que figuran a continuación (nos tomaremos dos minutos para cada pregunta). Para mejorar la sensibilidad, cerraremos los ojos (si la seguridad lo permite):

• Notas que el caballo hace que se te mueva la cadera izquierda y el isquión izquierdo:
¿Hacia arriba?
¿Hacia abajo?
¿Hacia delante?
¿Hacia atrás?
¿Hacia un lado?
En caso de tener dificultades con el movimiento lateral, fijarse en el balanceo del costillar del caballo.
• Ahora haremos lo mismo con la cadera y el isquión derecho.

Ejercicio para desarrollar la rectitud

Levantaremos el brazo derecho con los dedos mirando al cielo. Al sentir el balanceo del costillar del caballo hacia la izquierda, nos dejaremos caer más sobre el isquión derecho y al mismo tiempo apuntaremos al cielo con los dedos. La parte derecha del tórax se desplazará un poco hacia la derecha. Sentiremos cómo se estiran los músculos que tenemos entre las costillas. Lo repetiremos con el brazo izquierdo.

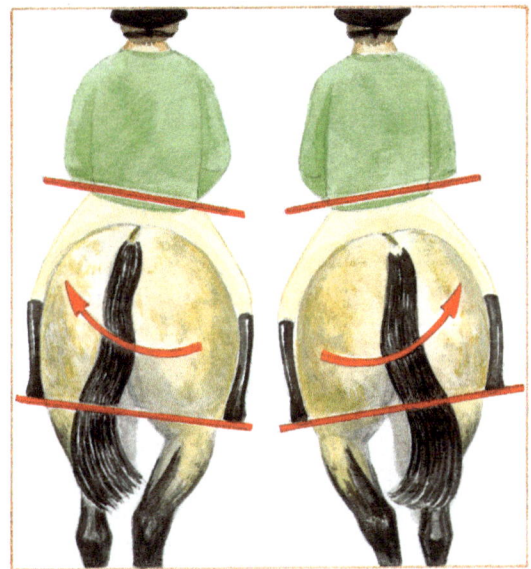

Cuando el caballo mueve el costillar hacia la izquierda, el isquión derecho del jinete baja hacia el suelo. Ocurre lo contrario cuando el costillar se mueve hacia la derecha.

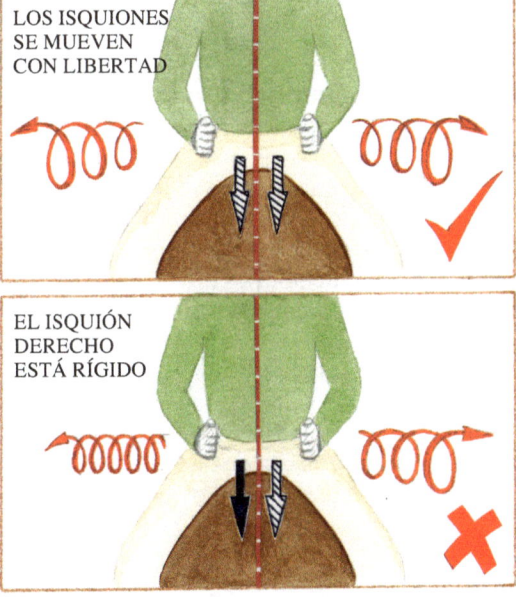

Contracción en el lado derecho del asiento y bloqueo del dorso del caballo en el lado derecho.

Paso

El paso es un aire de cuatro tiempos. En todo momento el caballo posee tres extremidades en el suelo y nunca tiene el cuerpo en suspensión. Por esta razón la silla oscila más que en los demás aires.

El equilibrio del jinete y su facilidad de movimiento, como ocurre en todos los aires, incide enormemente en el paso del caballo. En un buen paso los pasos son largos y con un buen balanceo. Si el jinete es duro montando (empuja con el asiento o es muy dominante), el caballo se endurece para protegerse y camina con dificultad con pasos más cortos (algunos jinetes piensan que es por indolencia).

A los caballos, con frecuencia, se les coloca en situaciones similares que les bloquean el mecanismo de movimiento de la cabeza, el cuello y el dorso. Esto produce rigidez en los aires y molestias en el caballo, limitando sus posibilidades.

Mejorar el «tacto» ayuda a identificar los síntomas de la rigidez en el caballo. Su tensión generalmente es consecuencia de la rigidez del jinete. Por consiguiente, para romper la espiral es importante comprobar la forma de montar. Para ir más relajado es preciso tomarse el tiempo de sentir el dorso del caballo con todo el cuerpo.

Desarrollar una buena posición en movimiento

La mayoría de los jinetes sin formación se sientan en el caballo como en una silla con las piernas delante de la vertical.

Desgraciadamente esta posición los deja por detrás del movimiento. Los ejercicios que figuran a la derecha sirven para ayudarles a retrasarlas y seguir el movimiento del caballo. Primero deben realizarse al paso. Consisten en estirarse en el caballo y relajar el cuello y la pelvis. Mantener la posición hasta estar totalmente suelto. Pedir a un amigo que lleve el caballo de la mano al paso para sentir los distintos movimientos.

EJERCICIO AL PASO PARA MEJORAR LA POSICIÓN DE LAS PIERNAS

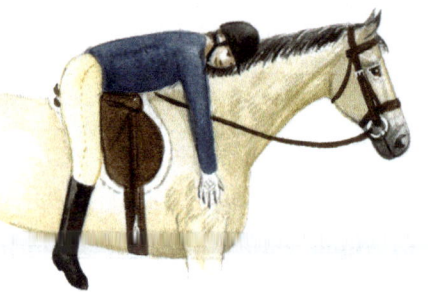

Estirarse en el caballo como una muñeca de trapo.

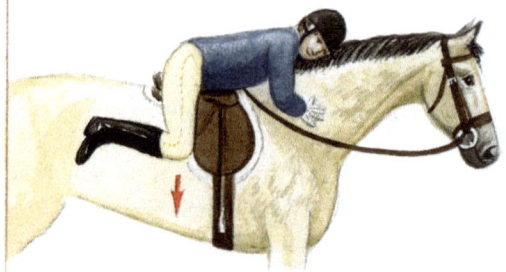

Doblar las rodillas y levantarse verticalmente apoyándose sobre las manos. Os sorprenderá lo mucho que la parte inferior de la pierna debe retrasarse para que la rodilla permanezca orientada verticalmente hacia el suelo.

Cuando la parte superior de la pierna esté más flexible y vertical, orientar los talones y las plantas de los pies hacia el suelo con el caballo entre las piernas.

Las ilustraciones de esta página están pensadas para que el jinete se siente más recto sin tirantez o tensión. Sentarse levantando el pecho (como un sargento) ahueca la zona de los riñones e impide absorber el movimiento del caballo.

Si se tiene tendencia a subir el pecho, las indicaciones que figuran a continuación van bien para adoptar una posición natural agradable con un buen equilibrio. Si, en cambio, se tiene tendencia a ir encorvado y mirar al suelo, las indicaciones servirán para desplegar la parte anterior del cuerpo y corregir la inclinación.

Una ayuda divertida para conseguir un aplomo vertical

Una idea útil para mantenerse recto sin tensión es imaginar que entre el caballo y el jinete hay un gran balón de aire. Para entender este concepto lo mejor es dejar de leer y hacer el ejercicio siguiente. Poner las manos delante del cuerpo con las palmas giradas hacia dentro y los hombros bien separados. Imaginar que se está aguantando un gran balón de aire. Dar palmaditas suaves. ¿Parece que tienen imanes del mismo polo? Imaginemos que la mano izquierda es el cuello del caballo y la derecha nuestra espalda. Esta imagen nos servirá para mantener el espacio que hay entre el caballo y nosotros. Es una forma estupenda para mantenerse bien aplomado en movimiento y sin tensión. Pediremos a un amigo que nos diga si vamos bien para estar seguro de no ir inclinado hacia delante (poniendo el caballo sobre las espaldas), sino bien sentado en la vertical con la cabeza siguiendo la línea de la columna –«en la mano»–.

ENCORVADO — RÍGIDO

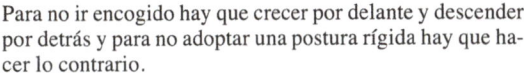

Para no ir encogido hay que crecer por delante y descender por detrás y para no adoptar una postura rígida hay que hacer lo contrario.

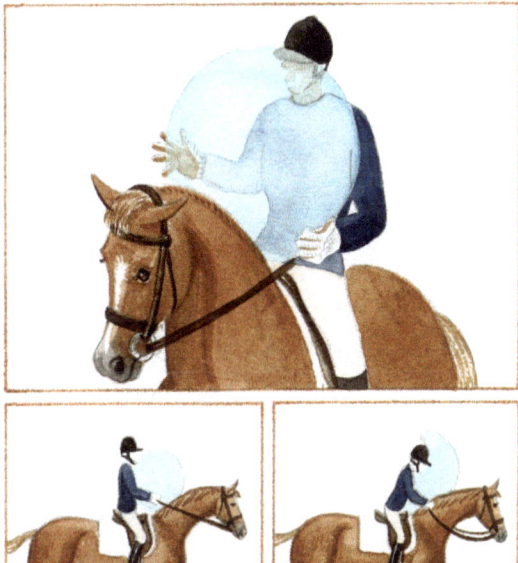

Para evitar que la parte superior del cuerpo se incline hacia delante, pensar que se sostiene un gran globo de aire. Esto también ayudará al caballo a aligerar su tercio anterior.

Trote levantado

El trote levantado es difícil porque para poder seguir el movimiento hay que tener un buen equilibrio, abrir bien la cadera, saber estirar hacia abajo la pantorrilla hasta el talón y llevar el pecho bien abierto.

Para las personas que viven una vida sedentaria dificultosa porque pasan mucho tiempo sentadas normalmente en mala postura, esto debilita y encoge la parte anterior del cuerpo. El ejercicio de yoga de la ilustración sirve para desarrollar y estirar los músculos que están debilitados.

Primero, practicaremos el trote levantado sin movimiento. Le pediremos a un amigo que nos ayude. Pondremos una correa en el cuello al caballo para equilibrarnos y no caer hacia atrás, desplomándonos sobre su dorso. Nos levantaremos sobre los estribos y colocaremos las rodillas por debajo de las caderas para equilibrarnos. Nos sorprenderá ver lo lejos que las pantorrillas y los pies tienen que desplazarse

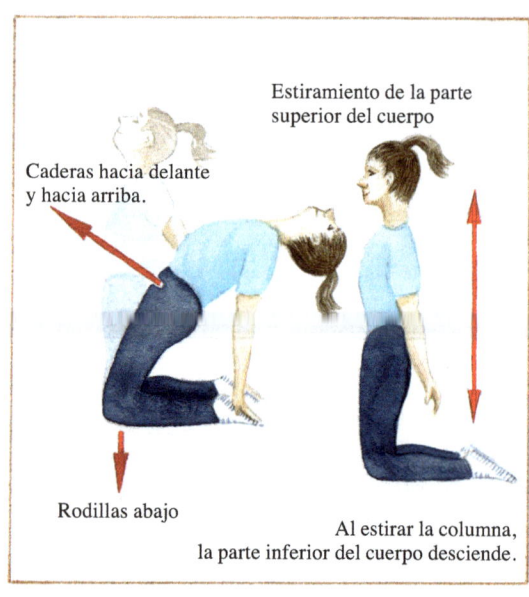

Estiramiento de la parte superior del cuerpo

Caderas hacia delante y hacia arriba.

Rodillas abajo

Al estirar la columna, la parte inferior del cuerpo desciende.

Utilizar este ejercicio pie a tierra para desplegar el torso y abrir las caderas.

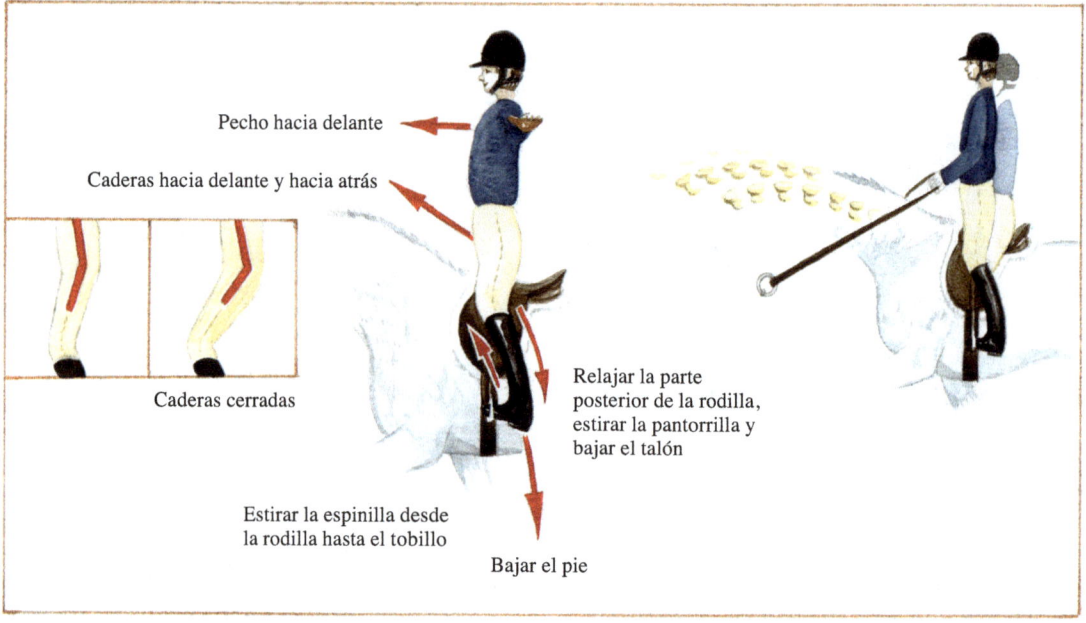

Pecho hacia delante

Caderas hacia delante y hacia atrás

Caderas cerradas

Relajar la parte posterior de la rodilla, estirar la pantorrilla y bajar el talón

Estirar la espinilla desde la rodilla hasta el tobillo

Bajar el pie

Ejercicio para abrir el ángulo de las caderas al trote levantado.

Para no acortar el cuello del caballo, imaginar que sus vértebras se alejan como cuando se está en la base de una gran ola.

para que podamos adoptar la posición correcta. (A medida que nuestra flexibilidad y habilidad aumentan las pantorrillas se colocan en el lugar correcto). Dejaremos que nuestro cuerpo se adapte a esta nueva posición y encuentre el punto de equilibrio que permite mantener las caderas bien abiertas, las rodillas bajas y las pantorrillas retrasadas. Imaginemos que cuando nos levantamos estamos de rodillas en el suelo. La rodilla resbalará sobre la silla cada vez que nos levantemos. Al elevarnos la parte inferior de nuestro abdomen se moverá hacia delante y hacia arriba, y el pecho hacia delante. Debemos estirarnos desde la zona del pubis hasta la barbilla.

Cuando podamos levantarnos y sentarnos al paso, lo probaremos al trote. Al principio es posible que quedemos por detrás del movimiento, pero para evitarlo tenemos la correa. Trotaremos despacio durante varios trancos. Es posible que la pantorrilla se haya desplazado hacia delante.

Si es así, pararemos y repetiremos los ejercicios desde el principio. Utilizaremos la idea del balón de aire para mantenernos rectos. Al elevarnos dirigiremos el movimiento con la cabeza y al mismo tiempo dejaremos que los pies se desplacen en la dirección contraria. Nos relajaremos desde los isquiones hasta los talones, para estirar más la parte posterior de la pantorrilla y colocarla en la posición correcta. Tendremos cuidado de no levantar el pecho de forma antinatural porque, de hacerlo, la zona de los riñones se ahuecaría.

Cuando consigamos hacer trote levantado, intentaremos el ejercicio siguiente: cambiar de diagonal en el aire, p. ej. permaneciendo de pie dos tiempos en vez de uno. Si estamos por detrás del movimiento, nos iremos hacia atrás; si estamos por delante, nos caeremos hacia delante. Practicaremos hasta conseguir cambiar de diagonal en el aire manteniendo el equilibrio.

SOBRE LA MANO (CABALLO Y JINETE)

La espalda del jinete está hueca y el dorso del caballo también.

El jinete y el caballo tienen rigidez en las caderas.

Los tobillos y los menudillos rígidos reducen la elevación.

Trancos cortos.

COMPARACIÓN
Los problemas del jinete se reflejan en el caballo.

EN LA MANO (CABALLO Y JINETE)

Caderas sueltas, trancos largos y fluidos.

Soltura en los tobillos del jinete y los menudillos del caballo, lo que produce más elevación.

Trancos más largos.

Trote sentado

Desgraciadamente es muy frecuente ver sesiones de trote sentado interminables con un jinete y un caballo que se pasan horas machacándose mutuamente y que acaban doloridos y rígidos, así como caballos con el dorso hundido y por encima de la mano. Si el caballo tiene el dorso hundido, continuar al trote sentado no es bueno y resulta perjudicial. Es preferible buscar la razón por la cual el caballo trabaja con el dorso al revés. Tal vez el jinete lo está acortando y no le deja utilizar convenientemente la columna o tal vez tiene alguna molestia. Puede que la silla no le vaya bien (muchas veces es demasiado estrecha) o que el dorso no tenga suficiente libertad para conseguir el tono y la flexibilidad necesarios para subir y aguantar el peso del jinete.

Si observamos las ilustraciones de esta página, veremos el distinto aspecto de la línea del dorso y de la barriga en ambos caballos. El primero tiene el dorso al revés (hundido). Sus músculos abdominales carecen de fuerza y no pueden adquirir tono muscular (en las personas ocurre lo mismo). Ahora bien, si lo comparamos con el segundo caballo, veremos que éste tiene el dorso redondeado y que está empleando los músculos abdominales (barriga).

Practicar el trote sentado no tiene sentido si el caballo no trabaja como en la ilustración inferior. Hasta que no sea así, habrá que levantarse para que al caballo le sea más fácil redondear y fortalecer el dorso.

También es importante observar la forma de la parte de la quijada en el caballo que trabaja redondo (abajo a la derecha). Esta zona es muy importante porque cuanto más se estira la parte situada por debajo de la columna, más se puede estirar y levantar la línea superior del caballo y mayor es el remetimiento de los posteriores, aportando al movimiento mayor elevación y gracia. Cuando se consigue la actitud correcta, el caballo no plantea resistencia alguna, los ejercicios y las transiciones permiten aumentar el remetimiento de los posteriores y trasladar el paso hacia atrás, para aligerar y levantar el tercio anterior del caballo.

El caballo tiene un dorso flojo y rígido. Practicar el trote sentado con un caballo en estas condiciones y con esta actitud puede ser perjudicial y no tiene sentido.

Este caballo trabaja estirando y alargando el dorso. Lo tiene redondo y emplea los músculos abdominales. Lleva la nariz delante de la vertical.

Para practicar el trote sentado, seguiremos las mismas instrucciones que en la página 17, que muestran las ilustraciones de esta página. Dejaremos que nuestro cuerpo siga el movimiento del caballo y que éste nos lleve encajándonos en él y dejando caer nuestro peso. Comprobaremos lo siguiente:

- ¿Llevamos bien la cabeza?
- ¿Nuestras caderas siguen el movimiento de su dorso?
- ¿Llevamos bien abiertas nuestras articulaciones para absorber el movimiento?
- ¿Estamos utilizando el balón de aire para sostenernos correctamente?

El peso de las caderas y piernas caerá hacia el suelo. Dejaremos nuestras caderas y piernas en manos del caballo y seguiremos el movimiento de su tórax. De cintura para arriba ensancharemos el tórax para poder sostenernos correctamente.

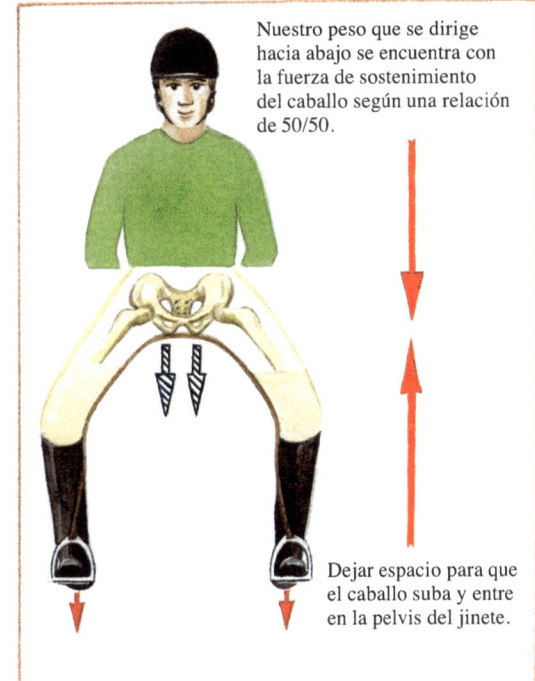

Nuestro peso que se dirige hacia abajo se encuentra con la fuerza de sostenimiento del caballo según una relación de 50/50.

Dejar espacio para que el caballo suba y entre en la pelvis del jinete.

INSTRUCCIONES PARA TENER
UNA BUENA POSICIÓN AL TROTE SENTADO

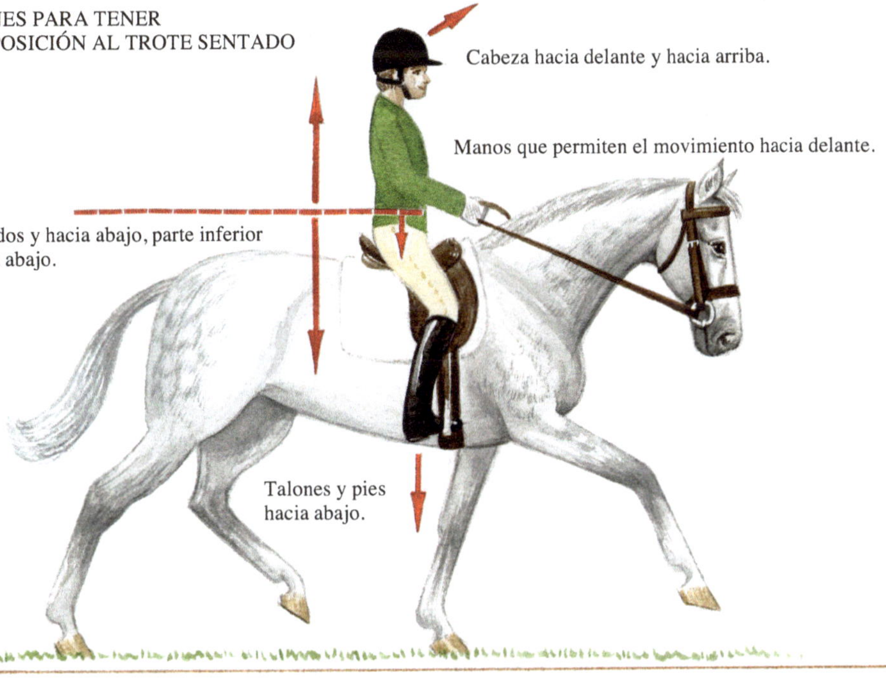

Cabeza hacia delante y hacia arriba.

Manos que permiten el movimiento hacia delante.

Isquiones relajados y hacia abajo, parte inferior del cuerpo hacia abajo.

Talones y pies hacia abajo.

Galope

El galope es un aire de tres tiempos con un momento de suspensión cuando las cuatro extremidades están en el aire.

En el galope es fundamental dejar que el caballo balancee la pelvis hacia delante y hacia atrás y mantener la parte inferior de la espalda y las caderas sueltas. Dejaremos colgar las piernas debe relajar la parte anterior del cuerpo y dejar que se estire como una goma –de hecho debe dejarse llevar por el caballo–. Utilizaremos la idea del balón de aire para sostenernos correctamente. Abriremos las caderas. Abriremos las rodillas para que el peso de las piernas vaya hacia el suelo y nos mantendremos en la vertical con la sen-

ABRIR EL ÁNGULO DE
LA CADERA AL GALOPE

NOTA: Al galope, para seguir el movimiento, el jinete debe dejar que el ángulo anterior de la cadera se abra y se cierre.

Cuando la parte anterior del caballo baja, seguirlo con la parte inferior del cuerpo y abrir la cadera. Para mantener un buen aplomo, recordar la idea del balón de aire.

totalmente hacia el suelo. Mantendremos las nalgas relajadas, las rodillas y los tobillos elásticos y el tórax flotante.

Tal y como se puede apreciar en la ilustración, en el galope el caballo adopta un movimiento de balancín con el dorso ligeramente inclinado hacia delante. En ese momento el jinete sación de estar de pie en el suelo con un caballo entre las piernas.

Ahora estamos en el extremo anterior de los isquiones.

A continuación el caballo nos levantará hasta dejarnos en el extremo opuesto, haciendo que se nos cierren las articulaciones de las caderas.

Dejaremos que los isquiones se abran para que el caballo pueda subir.

El movimiento del caballo al galope hace que se nos mueva la pelvis y que abramos y cerremos las caderas de forma automática. Lo único que debemos hacer es dejarnos llevar. Sentiremos la parte anterior, central y posterior de la silla. Un **50% entre el peso del cuerpo del jinete y la función de soporte del caballo.** Nos sentaremos dejando que el caballo haga lo demás.

Para conseguir alargar las piernas al galope, el jinete debe imaginar que tiene unos pies largos y anchos con membranas entre los dedos como un pato. Los dedos son largos y se ensanchan ha-

CERRAR EL ÁNGULO DE
LA CADERA AL GALOPE

Cuando el caballo sube, su movimiento cierra de forma automática las caderas del jinete si éste lo permite.

jinete que no se deja llevar cuando el caballo adelanta los pies, bloquea el movimiento del animal y el remetimiento de los posteriores.

Para sostenernos mejor recurriremos a la idea del balón de aire e inspiraremos por la nariz cada vez que el caballo baje. Cuando suba, espiraremos. **Es importante recordar la relación al** cia las puntas. Toda la planta del pie se apoya en el estribo y empuja hacia el suelo.

Estirarse al galope con riendas largas

Practicaremos este ejercicio primero al galope a la izquierda. Tomaremos las riendas en la mano derecha. Levantaremos la mano izquierda

Galope (cont.)

Para evitar el agarrotamiento, relajar las rodillas e imaginar que se está en el suelo con unos enormes pies palmeados. Esto ayuda a alargar las piernas para que sean más eficaces.

con los dedos mirando al cielo. Cuando el caballo baje hacia el suelo inspiraremos y nos colgaremos de los dedos, dejando que las articulaciones de la cadera se nos abran. Soltaremos la parte inferior del cuerpo e intentaremos sentir al caballo. Espiraremos y seguiremos colgados de los dedos mientras el caballo sube, dejando que se cierren las articulaciones de la cadera. A continuación, cambiaremos de mano. Repetiremos el ejercicio a mano derecha.

Consejos finales

Utilizar ayudas de peso para solucionar problemas en círculos y giros.

Cuando un caballo está equilibrado, su peso se distribuye de forma uniforme entre sus cuatro extremidades.

Cuando el caballo **se cae hacia dentro** en un giro o círculo, las extremidades interiores soportan más peso. Podemos comparar esta situación con lo que ocurre cuando se va en bicicleta. Cuando ésta se ladea, para poder enderezarla hay que pisar más fuerte sobre el pedal exterior. Pues bien, con el caballo ocurre lo mismo. Si se empuja más sobre el estribo exterior cuando el tórax se inclina hacia el interior, el peso se distribuye nuevamente de forma igualada entre las cuatro extremidades.

Cuando el caballo **carga peso fuera** ocurre lo contrario. En este caso las extremidades exteriores soportan más peso, de manera que para volver a equilibrarlo hay que hacer más peso sobre el estribo interior cuando el caballo desplaza el tórax hacia el exterior.

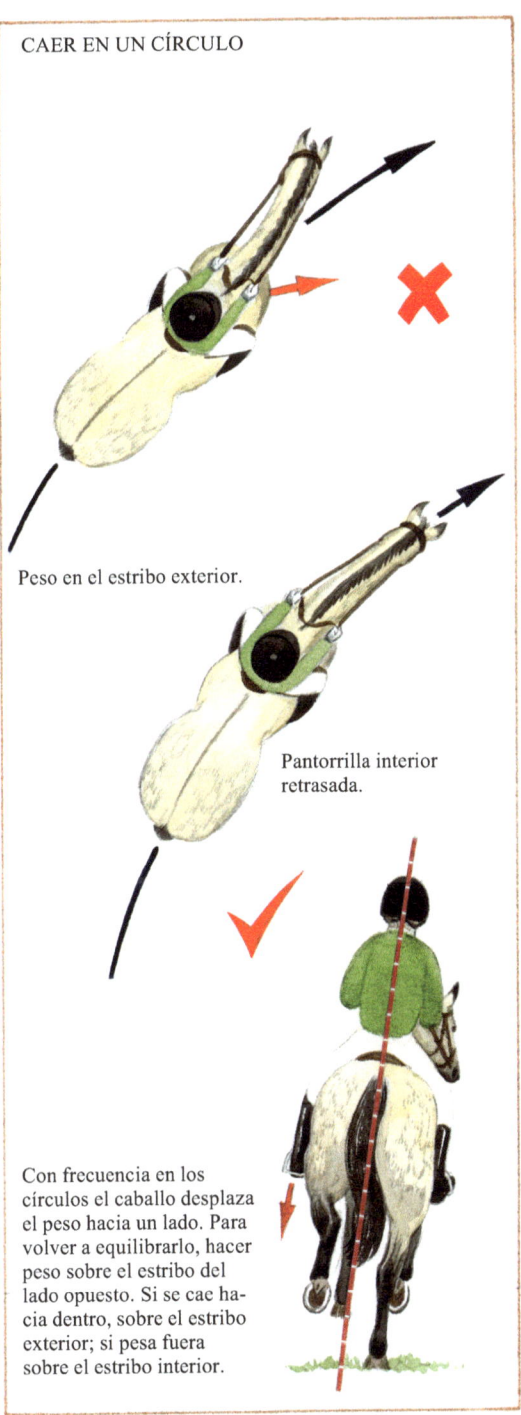

CAER EN UN CÍRCULO

Peso en el estribo exterior.

Pantorrilla interior retrasada.

Con frecuencia en los círculos el caballo desplaza el peso hacia un lado. Para volver a equilibrarlo, hacer peso sobre el estribo del lado opuesto. Si se cae hacia dentro, sobre el estribo exterior; si pesa fuera sobre el estribo interior.

Conclusión

Con esta información el jinete probablemente se habrá dado cuenta de que hasta ahora no ha dejado que su caballo utilice el cuerpo correctamente y vaya en la mano con ganas y facilidad. Con las nuevas técnicas que se le proporcionan ya puede empezar a trabajar en colaboración con su caballo y a compartir con él los papeles de alumno y profesor. Feliz monta.

Anotaciones personales